AF349416

EL ARTE Y LA CIENCIA DE LA FORMULACIÓN AROMÁTICA

ExLibric

ANA REQUEJO

EL ARTE Y LA CIENCIA DE LA FORMULACIÓN AROMÁTICA

EXLIBRIC

ANTEQUERA 2021

ANA REQUEJO

EL ARTE Y LA CIENCIA DE LA FORMULACIÓN AROMÁTICA

Índice

La gratitud es una flor que brota del alma.

Henry Ward Beecher

*Y del alma salen los conocimientos que deseo compartir
y la sonrisa que regalar a todos aquellos que, en algún
momento de mi vida, me habéis empujado
a progresar, avanzar y disfrutar.*

Ana Requejo

Introducción

A lo largo de los últimos años, estudiando e investigando a la par que trabajando, me he dado cuenta de la tarea y la responsabilidad que supone enseñar y dejar tu huella.

Impartiendo formaciones en mi Escuela de Aromaterapia, he sido consciente de lo importante que es para muchos de mis alumnos y de aquellos que me prestan atención a través de las redes sociales el crear con sus propias manos aquellas «recetas» mágicas que solucionen sus problemas, tanto físicos como emocionales y energéticos.

Por este motivo he decidido recopilar una serie de fórmulas que he ido elaborando en los últimos meses, explicando, con la mayor claridad posible, cómo he llegado a esa fórmula y para qué.

Solo aspiro a que disfrutes con su consulta y su lectura.

PARTE 1

EL ARTE Y LA CIENCIA EN PALABRAS

¿Qué hay detrás de una fórmula?

La formulación de aromaterapia es uno de los momentos más inspiradores y a la vez más desafiantes en el estudio y enseñanza de esta sinfonía de aromas.

Para obtener una fórmula perfecta, tienes que tener en cuenta muchos detalles primarios, como las sustancias con las que trabajas, con sus bondades pero también con sus riesgos, el modo de aplicación y el lugar donde lo vas a aplicar, el tiempo de uso y la regularidad, el receptor de la fórmula y sus riesgos personales, los envases o herramientas donde prepararlos y almacenarlos o difundirlos, los pasos a seguir…

Son un conjunto de detalles importantísimos que requieren de su tiempo, eso sin contar el estudio previo de lo que preparamos, el objetivo final del preparado y, finalmente, la explicación de todo ello al usuario final. **Explicar** el **por qué** y el **cómo** es tan básico como el abecedario, porque si el receptor de tu fórmula entiende lo que tiene entre manos, **valorará** aún más tu trabajo y recibirá con total conocimiento todo lo que en ese preparado hay, **respetando el tratamiento tal y como se le indica.**

Estas fórmulas que te muestro a continuación son el trabajo de varios días con cada una de ellas, buscando cumplir con lo requerido, pero sobre todo evitando los riesgos y explicando a quien tuvo el deseo de escucharme el porqué y el cómo e, incluso, cuándo y de qué modo.

Y no olvidemos un detalle importantísimo, escoger los productos que te aporten las mejores garantías y la mayor pureza que, para mí, son sinónimo de calidad.

Como todo esto que menciono resulta un reto muchas veces, con el fin de ayudaros e ir paso a paso, os detallo a continuación el proceso que yo sigo en la elaboración de una fórmula aromática.

Proceso de elaboración de una fórmula

1. Datos básicos del **receptor:**

- Sexo, edad.
- Ocupación.
- Estado actual; vive solo o en compañía.

2. Datos básicos del **estado de salud:**

- Problemas crónicos: en qué sistema se dan.
- Tratamiento en curso: medicamentos, suplementación, terapias suplementarias. Tiempo del tratamiento.

3. **Conocer perfectamente qué desea** obtener el usuario:

- ¿Beneficios físicos?
- ¿Beneficios emocionales?
- ¿Ambos?

Esto nos indicará cuántas fórmulas hemos de elaborar, a través de qué interfaces aplicarlas y si las combinamos o las pautamos una tras otra.

4. **Preguntas generales** para determinar **lo que realmente necesita según nuestro criterio** como terapeutas:

- Cómo se relaciona con la sociedad: determinar si además necesita tratamiento mental/emocional, aunque no se haya solicitado.
- El problema que esté llevando en ese momento: ¿le impide realizar alguna otra actividad?, ¿le limita?
En este caso, los preparados deben ser cómodos y fáciles de aplicar.
- ¿Duerme bien?
- ¿Realiza alguna actividad fuera de casa?
- Algún tratamiento complementario que realice, ¿puede ser compatible con la aromaterapia?

5. **Evaluar las disfunciones** que presenta:

- Inflamación.
- Dolor.
- Picor.
- Congestión: respiratoria, linfática, circulatoria, mental…
Esto nos irá dirigiendo a los aceites esenciales y aceites vegetales más adecuados.

6. **Determinar,** teniendo en cuenta todo lo anterior, la/s vía/as de **uso más adecuada/s:** tópica, olfativa u oral.

7. **Escoger los aceites esenciales más eficaces** para tratar todas sus disfunciones.

8. Según la interfaz de uso, **evaluar los riesgos personales** y determinar el tiempo seguro del tratamiento.

9. Decidido lo anterior, **revisar los aceites esenciales:**

• Comprobar sus posibles riesgos como sustancia en sí.

• Comprobar los factores de riesgo y personales del *salutante* y eliminar los aceites esenciales no adecuados.

• Sustituir los aceites esenciales no adecuados por otros que sean más seguros y que cumplan con lo necesario para el tratamiento. A veces es necesario sacrificar la «potencia terapéutica» por la seguridad.

10. **Crear la fórmula:**

• Según la vía de uso y el envase o herramienta, decidir la **concentración** de aceites esenciales.

• Su edad, el problema a tratar, el tiempo de tratamiento y las características de los aceites esenciales —sobre todo sus riesgos— nos indican la concentración.

• Fijarse en la disfunción primaria a tratar. Nos dará respuesta al aceite esencial principal y sus «ayudantes».

• Formular sobre papel.

• Elaborar la fórmula.

11. **Tratamiento:**

Pautar el uso de las fórmulas por escrito: cuántos días, cuántas veces al día, intervalos de descanso.

12. Seguir la evolución del tratamiento:

Cuando trabajamos con la aromaterapia y la aconsejamos, el seguimiento de la evolución del receptor es básica, ya que dependiendo de muchas variables se puede dar la necesidad de ir modificando la dosis y la regularidad de uso. Daos cuenta de que no estamos trabajando con un medicamento que viene estrictamente dosificado en una píldora o en un vial. Estamos ofreciendo una sustancia volátil.

Si trabajamos a través de la vía aérea y la zona de difusión es mayor o menor, la concentración molecular en el aire también varía —y su resultado final en el individuo—.

Si en cambio hemos preparado una fórmula vía tópica, hemos de saber dónde echarla y las zonas corporales no tienen la misma composición a nivel celular. El grosor de las diversas capas influye en la velocidad de absorción, así como en el peso molecular de las sustancias que estamos mezclando.

Y si hablamos de la vía oral —no contemplada en este libro— la metabolización de cada molécula y su recorrido por nuestro organismo es diferente.

Por tanto, hemos de ir ajustando el tratamiento y para ello es imprescindible conocer la evolución de la salud del sujeto.

¿Qué encontrarás en este compendio de fórmulas?

Mi objetivo no es solo el darte unas fórmulas útiles y efectivas, sino también prácticas. Contarás con el perfil bioquímico y las propiedades principales de cada fórmula, una explicación razonada y fundamentada del para qué y por qué. Además, y si lo permite, te aportaré una serie de consejos y tratamientos complementarios que actúen como apoyo importante en la aplicación de los preparados. Para ello me sirvo de la acupresión facial, el masaje, técnicas energéticas… Todo un mundo natural y sencillo a vuestro alcance. También te daré un punto de vista energético y/o emocional en alguna de las formulaciones, ya que considero que la polivalencia que nos aporta la aromaterapia ha de ser bien aprovechada.

Acompáñame pues en este aromático camino.

Ana Requejo
Directora de Escuela de Aromaterapia Ana Requejo
Técnico superior en Aromaterapia
Técnico en flores de Bach
Naturópata manual y energética
Investigadora incansable
Maestra de reiki

PARTE 2

FÓRMULAS

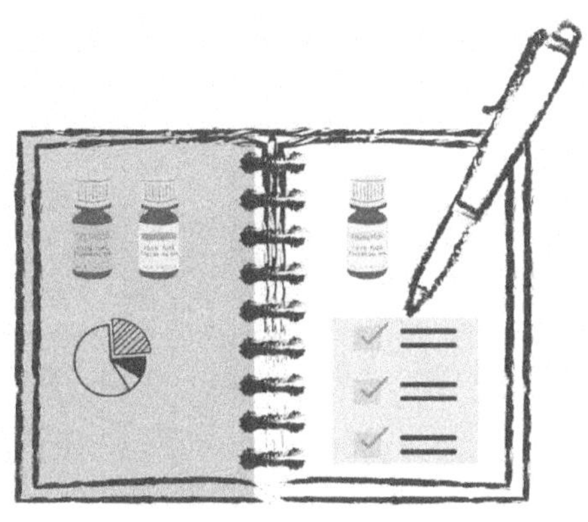

Cómo desinfectar superficies de forma natural

Ingredientes

Árbol del té + limón + vinagre blanco + agua.

Envase

Spray-pulverizador con pistola de 250 ml.

Objetivo

Mayor desinfección microbiana, fúngica y larvicida con un aroma fresco, limpio y respetuoso con el medio ambiente.

Para ello trabajamos con ingredientes naturales, biodegradables, respetuosos con nuestro sistema respiratorio, sencillo de elaborar y asequible a todos los bolsillos.Y con aceites esenciales altamente desinfectantes y bactericidas.

Este es el listado de bacterias y hongos que esta fórmula puede eliminar: *Escherichia coli, Enterococus faecalis, Clostridium, Legionella, Pseudomononas aeruginosa, Aspergillius niger* (hongo), *Campylobacter, Staphylococcus aureus.*

En conjunto, podemos evitar enfermedades tales como: diarreas, infecciones urinarias, inflamaciones de colon *(Clostridium)* y dermatitis, **inhibiendo, eliminando y previniendo** la aparición de todas estas bacterias y hongos.

El vinagre blanco de limpieza descalcificará y abrillantará las superficies, además de desatascar tuberías. Su bajo peso molecular (60 moles) lo convierte en un «vehiculizante» más que apto para solubilizar los aceites esenciales.

Dado que esta fórmula es solo para aplicar en superficies, el hecho de que usemos agua —donde no se solubilizan los aceites esenciales— no supone ningún riesgo, siempre y cuando no la apliquemos en nuestra piel.

Fórmula

- Vinagre blanco de limpieza: 100 ml
- Agua: 150 ml
- Árbol del té *(Melalecua alternifolia)*: 20 gotas
- Limón *(Citrus x limon)*: 15 gotas
- Lemongras *(Cymbopogon citratus)*: 8 gotas

Perfil bioquímico

- Monoterpenos: 55 %
- Sesquiterpenos: 3,50 %
- Monoterpenoles: 23,58 %
- Aldehídos: 11,18 %

Propiedades

- Antibacteriano: 87 % (limoneno, terpineol-4-ol, gamma-terpineno, geranial, neral, beta-pineno).
- Antiviral: 82 % (limoneno, terpineol-4-ol, gamma-terpineno, geranial, neral, beta-pineno, para-cymeno).

- Antimicrobiano: 78 % (limoneno, terpineol-4-ol, gamma-terpineno, geranial, alfa-terpineno, alfa-terpineol).
- Antifúngico: 85 % (limoneno, terpineol-4-ol, gamma-terpineno, geranial, beta-pineno, neral, alfa-pineno).
- Larvicida: 55,36 % (limoneno, gamma-terpineno, alfa-terpineno, neral, alfa-pineno).

Elaboración

1. Echar el vinagre blanco de limpieza en el *spray*-pulverizador.
2. Añadir los aceites esenciales y agitar.
3. Añadir el agua y agitar.
4. Etiquetar.

Aplicaciones

En superficies de loza o acero inoxidable, en baños y cocinas.

- Baño: botón cisterna, tapa del retrete, grifos, alcachofa de la ducha, lavabo, sumidero del baño y rincones de las paredes donde se aloja el moho, mampara de la ducha.
- Cocinas: fregadero (sumidero), grifo y superficie de todo el fregadero, micro de apertura de la puerta, estropajos y bayetas húmedas (dejar a remojo). También en tablas de cortar aunque sean de madera.
- La misma mezcla se puede usar para desatascar el desagüe del fregadero. En un vaso, vierto 3 cucharadas soperas de bicarbonato sódico y voy añadiendo la mezcla del *spray* hasta dejar una consistencia espesa, pero lo suficiente ligera para que

se pueda deslizar por las tuberías. Dejar reposar una hora y luego verter medio litro de agua hirviendo.

Consejo

Aplicar el producto después de haber limpiado con otro producto de limpieza jabonoso, para crear una capa *biofilm* en las superficies.

Precaución

No aplicar en superficies de **madera** o **cromados** del baño y cocina.

Cómo tratar gases, digestión difícil, hinchazón y migraña digestiva

Ingredientes

Albahaca + menta piperita + aceite vegetal de nuez de albaricoque/jojoba.

Envases

Frasco con gotero de 10 ml y *roll-on* de 10/12 ml.

Objetivo

Rebajar la hinchazón repentina tras las comidas, calmar los espasmos intestinales y el dolor en la boca del estómago, activar correctamente la digestión y también aliviar la migraña digestiva derivada de una digestión difícil.

Tenemos muchos aceites esenciales aptos para ayudarnos en el drama que supone sufrir una mala digestión como: menta piperita, hinojo, manzanilla romana, cardamomo, limón, naranja dulce, melisa. La **albahaca** nos ofrece no solo alivio digestivo, **dinamizando** el proceso interrumpido, sino también activando nuestro empuje para abrirnos otros caminos en la vida, ¿curioso verdad? **Dinamismo fisiológico** y **energético**. Recomendable en estados de confusión y crisis vital. La **menta piperita** que añadimos en la segunda fórmula «**enfriará**» el calor provocado por la migraña y también el calor que nos domina cuando la ira explota y nos convierte en seres difíciles de tratar.

Fórmula

1) Frasco con gotero: gases, flatulencia, hinchazón, dolor, cólicos intestinales, espasmos, náuseas.

- Albahaca *(Ocimmum basilicum)*: 5 gotas
- Aceite de nuez de albaricoque: 10 ml aprox. Rellenar

2) *Roll-on*: migraña digestiva.

- Albahaca *(Ocimmum basilicum)*: 3 gotas
- Menta piperita *(Mentha x piperita)*: 2 gotas
- Jojoba o nuez de albaricoque

Perfil bioquímico

- Éteres (metil–chavicol): 71 %
- Monoterpenoles: 20 %
- Sesquiterpenos: 4,52 %

Propiedades

- Antiinflamatorio: 94 % (metil–chavicol, linalol, geranial, neral).
- Anticonvulsivo: 71 % (metil–chavicol, linalol).
- Antibacteriano: 95,35 % (metil–chavicol, linalol, geranial).
- Antifúngico: 94 % (metil–chavicol, linalol, geranial).
- Gastroprotector (vía oral): 20 % (linalol).

Elaboraciones

1) Frasco con gotero:

1. Echar las 5 gotas de albahaca.
2. Rellenar con aceite vegetal de nuez de albaricoque.
3. Cerrar, agitar y etiquetar, apuntando la fecha de elaboración.

2) *Roll-on* para migraña digestiva:

1. Echar la albahaca y la menta piperita.
2. Rellenar con jojoba o nuez de albaricoque.
3. Cerrar, agitar y etiquetar, apuntando la fecha de elaboración.

Aplicaciones para gases

• Aplicar el contenido de una pipeta en el hueco de una mano y «enjuagar» con la otra palma de la mano.

• Seguidamente aplicar la mezcla con ambas manos, empezando debajo del esternón (boca del estómago) en dirección hacia la ingle, colocando las manos en forma de abanico y llevando las palmas luego hacia los costados.

• Repetir el proceso 3 veces más, ejerciendo mayor presión a cada pasada.

• Terminar con círculos que sigan la dirección de las agujas del reloj.

• Repetir estos círculos unas 6 veces.

• Dejar las manos, una al lado de la otra, descansando sobre el ombligo unos minutos.

- Taparse y relajarse unos 10 minutos aplicando una mantita en la zona.

Aplicaciones para la migraña

- Aplicar la bolita del *roll-on* en los vértices internos y parte superior del arco de las cejas, sienes y centro de la frente. Mover la bolita del *roll-on* en círculos pequeñitos, lentamente, unas 4 veces en cada punto.
- Acupresión facial. Si se desea, con las falanges distales de los dedos índice y corazón, realizar un movimiento deslizante que parte del entrecejo, aguantando la presión ahí durante unos segundos, subiendo hasta el nacimiento de la frente. Una vez en la frente, apoyar la yema del resto de dedos a lo largo del nacimiento del pelo, colocando el pulgar en las sienes. Permanece en esa posición unos segundos para luego deslizarlos hacia las sienes, terminando en unos suaves círculos.

Consejo

Si sabes que esa magnífica cena que te estás preparando va a darte problemas, sé precavido y aplícate esta fórmula tan sencilla en el abdomen.

También te sugiero echar en un difusor ultrasónico (con agua) 5 gotas de albahaca y 2 de menta piperita para tener una comida «en paz» con el resto de comensales y también con el informativo, si se da el caso, ya que a nivel emocional esta mezcla mantendrá «frías» tus emociones más viscerales, y ya sabemos lo que ciertas comidas familiares pueden suponer y no digamos las fantásticas noticias que vemos en el informativo de las nueve.

Esta difusión la puedes iniciar 10 minutos antes de sentarte a comer y mantenerla durante la comida. Ten la precaución de tener el difusor alejado un par de metros.

Por cierto, es totalmente apta para aquellas personas con problemas respiratorios, como asmáticos. Si hay bebés en el entorno, sustituir la menta piperita por limón.

Niños

En caso de que todos estos problemas los padezca un niño a partir de los 2 años, sustituir la albahaca por mandarina o naranja dulce.

Saliendo del bucle de la tristeza y recuperando la ilusión

Ingredientes

Bergamota + mandarina + salvia romana (amaro).

Envases

Frasco de 5 ml o 10 ml con obturador.
Difusor ultrasónico, *stick* inhalador, colgante de aromaterapia.

Objetivo

Esta mezcla está pensada para trabajar, sobre todo, a nivel **mental-emocional,** pero también tendrá su incidencia en tu físico, ya que recuperarás la sonrisa, el brillo y la ilusión que te harán resplandecer y relajar toda tu musculatura constreñida por la postura derrotada y triste que te domina.

El modo más directo de trabajar a este nivel con la aromaterapia es utilizando la **vía olfativa,** el camino más recto hacia nuestro sistema nervioso central. Cuando inhalamos un aceite esencial, nuestros nervios olfativos envían una señal al cerebro, lo que resulta en la percepción del olor y una respuesta hedónica (me gusta / no me gusta). Algunas de las moléculas pasan al cerebro con la capacidad de modular los neurotransmisores, afectando así el sistema nervioso central y, según estudios en el campo de las disfunciones neurológicas, también a las células cerebrales.

¿Qué he buscado con esta fórmula?

Pues trabajar en el sistema límbico profundo, encargado de traducir nuestro estado emocional o sentimientos, modulando nuestra motivación. Y en los ganglios basales, los cuales controlan el estado de «ralentí» de nuestro cerebro, así como la ansiedad, el pánico y el miedo. Los ganglios basales se van a encargar de integrar tus sentimientos con la acción y crear una vinculación afectiva que, en este caso, será de absoluta felicidad.

Energéticamente

Cuando uno está triste y quizás algo deprimido, desaparece la motivación, la inspiración y el azote del pesimismo se hace dueño de tu energía. Al rescate llega la **luz al final del túnel** que es la **bergamota,** que abrirá tu plexo solar, tu centro de la fuerza de voluntad para **romper el bucle** de esos pensamientos grises y desmotivadores que te llevan a la frustración, irritabilidad y falta de ilusión en tus proyectos.

No te preocupes, porque la **mandarina** está ahí para ajustar las cosas y aportarte las **ganas de crear** y, junto con la **salvia romana,** alejarás los **miedos** por aquello que no sabes lo que es y que te ha generado esa tensión, ese humor cambiante y esa apatía que te mantenía silenciada la alegría de vivir.

Fórmula

- Bergamota *(Citrus x bergamia)*: 15 gotas
- Mandarina *(Citrus reticulata)*: 7 gotas
- Salvia romana o amaro *(Salvia sclarea)*: 4 gotas

Perfil bioquímico

- Monoterpenos: 58 %
- Sesquiterpenos: 5,60 %
- Monoterpenoles: 10 %
- Ésteres: 23 %

Propiedades

- Ansiolítico: 55 % (limoneno, linalol, beta-pineno, geraniol).
- Antidepresivo: 60 % (limoneno, linalol, beta-pineno).
- Cardioprotector: 23 % (acetato de linalilo).
- Revitalizante anímico: 25 % (acetato de linalilo).

Elaboración

En el frasco de 5 ml o de 10 ml con obturador, ir echando las gotas de aceites esenciales en el orden que se desee.

Aplicaciones

- En **difusor:** echar 8 gotas de la mezcla **un par de veces al día** y conectar el difusor **no más de una hora** en una habitación con las puertas abiertas.
- **Sugerencia horaria:** a media mañana y al final de la tarde (cuando baja la luz solar).
- En un **colgante de aromaterapia** con lasca de terracota u otro elemento absorbente: dejar caer 3 gotas de la mezcla cada vez que se lleve el colgante.

• En un **inhalador personal:** empapar el algodón con 6 gotas de la mezcla y realizar suaves olfacciones cuando lo precises.

Tratamiento complementario: paso cruzado

Cuando conectes el difusor o inhales del *stick* inhalador o de tu colgante, realiza este suave ejercicio durante un par de minutos por el pasillo de tu casa.

Facilitarás el transporte de energía entre los hemisferios derecho e izquierdo del cerebro y te ayudará a sentirte más equilibrado, con el pensamiento más enfocado y más motivado.

1. De pie, levanta al mismo tiempo brazo derecho y pierna izquierda flexionando la rodilla y llegando a un ángulo de 90 grados con tu cadera.

2. Al bajarlos, mientras caminas hacia adelante, elevas el brazo izquierdo y la pierna derecha.

3. Repite el ejercicio unas cuantas veces exagerando a cada paso los movimientos.

Consejos

Permite que el astro Sol acaricie tus mejillas aunque sea asomándote 5 minutos a tu ventana. Cuando hayas modificado tu energía en declive, gracias a los rayos de sol, piensa en algo que siempre te ha hecho sonreír, cierra los ojos y recréate en ello. Ahora solo tienes que disfrutar de esta «sinergia» que te ayudará a salir definitivamente de ese momento.

Respira hondo, suelta estrés

Ingredientes

Lavanda + naranjo amargo + ylang-ylang + aceite vegetal de jojoba + manteca de karité.

Envases

Vía tópica: frasco de 10 ml, *roll-on* 12 ml, tarrito de 5 ml.
Vía olfativa: difusor ultrasónico, *stick* inhalador, colgante de aromaterapia.

Objetivo

El manejo de las **emociones** siempre será más efectivo, a través de la aromaterapia, si utilizamos la **vía olfativa.** Esto es así por la sencilla razón de que con la olfacción directa de los aceites esenciales las moléculas olorosas viajan a través de nuestro epitelio olfativo, transformadas ya en señales eléctricas, hasta alcanzar el interior de nuestro cráneo y contactar con el bulbo olfatorio. Desde ahí y siguiendo paso a paso un recorrido realmente efectivo, entre el 3 % y 7 % de dichas moléculas alcanzan nuestro sistema nervioso central, el lugar donde deseamos influir para modificar nuestra respuesta emocional y hormonal a un mismo tiempo.

La segunda vía de aplicación, no tan potente, pero sí mucho más segura, será la vía tópica, diluyendo los aceites esenciales en un vehiculizante apto para nuestra piel.

En el caso que nos ocupa, la gestión del estrés, que no es más (ni menos) que una **respuesta desmesurada** de nuestro organismo activada por el cerebro **ante una situación mal enfocada o tomada,** la **vía olfativa** es nuestra mejor arma. Por tanto, la difusión ambiental y la inhalación personal activa nos pueden sacar del atolladero emocional y muy reactivo en el que nos hemos metido.

La cuestión es saber cómo y cuándo. Pero esto te lo indicaré en el tratamiento más adelante.

¿Qué deseamos gestionar con esta mezcla?

Durante una situación estresante, ya sea puntual o crónica, pasamos por diferentes etapas:

1. Alarma. En la cual nuestro corazón y respiración se aceleran, aumenta la presión arterial, transpiramos y varias funciones vitales se ralentizan o incluso se paran, como la digestión.

En este punto varias hormonas se movilizan en grandes cantidades recorriendo nuestro cuerpo: adrenalina y noradrenalina, ambas liberadas por el hipotálamo. Y ahí es donde van a llegar nuestras mágicas moléculas aromáticas, por cierto.

2. Resistencia. Aceptamos la situación y la alarma segregando cortisol desde nuestras suprarrenales.

3. Agotamiento. Momento crucial que significa, por desgracia, que hemos «normalizado» el estado de estrés y se cronifica. Los fallos en diversos sistemas van en cadena: nervioso, endocrino, inmunitario… El cortisol campa a sus anchas.

Los síntomas más comunes se entremezclan unos con otros, aparecen y desaparecen. Se acentúan o se ralentizan. Nuestro cuerpo y nuestra mente sufren. Hay una bajada inmunológica evidente que puede abrir la puerta a infecciones repetidas. Los ardores de estómago ocupan prácticamente todas nuestras comidas, nuestro metabolismo se acelera y con ello consume más energía, lo cual puede derivar en déficit nutricional y además sufrimos de insomnio, ansiedad, pánico, miedos, fobias, depresión… Un cuadro completo que nos lleva a sentirnos constantemente abrumados y sobrepasados, pero en un permanente estado de aceleración.

¿Cómo podemos entonces servirnos de la aromaterapia?

Con la fórmula que os he preparado conseguiremos:

• Controlar nuestra hiperactividad, la **vulnerabilidad emocional** con la que vivimos, la ansiedad y recuperar el vigor y la fortaleza innata ante las circunstancias, con la **lavanda.**

• Gestionar —normalizando— nuestra **respiración** entrecortada con el **naranjo amargo.** Además de recuperar la capacidad de controlar el miedo y el pánico repentino y los nervios (mariposas) en el estómago. Es nuestro **ansiolítico** de cabecera.

• Rebajar las **palpitaciones** y dejar atrás ese continuo estado de **irritabilidad** que nos puede llevar al borde de la ira incontrolada por falta de seguridad en los acontecimientos, con el **ylang-ylang.** Este persistente aroma activa nuestra pituitaria con la segregación de las jubilosas endorfinas. Incluso actuará como un bálsamo ante los dolores musculares que la tensión nos genera.

Fórmula

- Lavanda *(Lavandula angustifolia)*: 5 gotas
- Naranjo amargo *(Citrus reticulata)*: 4 gotas
- Ylang-ylang *(Cananga odorata)*: 2 gotas
- Aceite vegetal de jojoba: rellenar el envase
- Manteca de karité. Si deseamos el preparado sólido

Perfil bioquímico

- Monoterpenos: 38,65 %
- Sesquiterpenos: 16,05 %
- Ésteres: 26,88 %
- Monoterpenoles: 14,17 %

Propiedades

- Antibacteriano: 77 % (limoneno, acetato de linalol, linalol, beta-cariofileno).
- Antiinflamatorio: 76,25 % (limoneno, acetato de linalol, linalol, beta-cariofileno).
- Analgésico: 71 % (limoneno, acetato de linalol, linalol, beta-cariofileno).
- Antinociceptivo: 71 % (limoneno, acetato de li-nalol, beta-cariofileno).
- Antidepresivo: 46,76 % (limoneno, linalol, geraniol).

Elaboración

Vía olfativa:

En difusor o *stick* inhalador. Realizar a parte la mezcla de aceites esenciales puros y de dicha mezcla verter al menos 8 gotas en el difusor o *stick* inhalador.

Vía tópica:

- Ir echando las gotas de aceites esenciales, en el orden que se desee, en el envase deseado *(roll-on* o frasco con pipeta) y rellenar con aceite vegetal de jojoba (también nos serviría aceite vegetal de nuez de albaricoque o de pepita de uva; cuanto menos densos los aceites vegetales, mejor).
- Para el tarrito, que podría ser un elemento complementario, recoger con una pipeta, de la mezcla pura anteriormente preparada en el *roll-on*, 2 a 3 gotas para añadir al tarrito con manteca de karité que previamente hemos puesto al baño maría para llevarlo a estado líquido. Dejar enfriar a temperatura ambiente.

Tratamientos combinados

Vía olfativa:

- En difusor: echar 8 gotas de la mezcla **un par de veces al día** y conectar el difusor **no más de una hora** en una habitación con las puertas abiertas. Repetir este tratamiento durante 21 días.
- **Sugerencia horaria:** a media mañana y a media tarde.

• En un **colgante de aromaterapia** (difusión pasiva personal) con lasca de terracota u otro elemento absorbente: dejar caer 3 gotas de la mezcla cada vez que se lleve el colgante.

• En un **inhalador personal:** empapar el algodón con 8 gotas de la mezcla y realizar suaves olfacciones cuando lo precises. Al menos 8 veces al día. Mantener este tratamiento durante la primera semana.

Vía Tópica:

• *Roll-on.* Aplicar la mezcla en tu plexo solar y chakra corazón al menos 3 veces al día, o cuando sientas presión en el pecho, ansiedad…

• Con la manteca de karité, aplicar en los siguientes puntos de acupresión, 3 veces o más al día.

Tratamiento complementario con puntos de acupresión:

• **C7** (meridiano corazón). A la altura del dedo meñique y en la cara interna de la muñeca, con la yema del dedo pulgar, aplicamos la mezcla hecha con manteca de karité y presionamos durante al menos 1 minuto.

• **P7** (meridiano pulmón). Con la mano y muñeca en línea recta, «abrazamos» el dedo pulgar con la otra mano y ahí donde llega la yema de nuestro dedo índice, totalmente estirado, en ese punto, aplicamos la mezcla hecha con manteca de karité y presionamos durante al menos 1 minuto.

Acompaña cada punto con profundas y pausadas respiraciones y, si lo deseas, te aconsejo echar 8 gotas de esta ansiolítica y relajante mezcla en el difusor mientras realizas estos sencillos pasos.

Repetir la presión en ambas muñecas.

Esta mezcla es apta para todas las edades y también para asmáticos.

Protegiendo tus pulmones y respirando en libertad

Ingredientes

Eucalipto glóbulo + mirto + abeto siberiano + manteca de karité.

Envases

Frasco con obturador de 5/10 ml, *stick* inhalador, tarro de cristal o PET de 30 ml y difusor ultrasónico.

Objetivo

Nuestro cerebro, al igual que nuestros pulmones, necesita estar convenientemente oxigenado con el fin de realizar sus funciones correctamente.

La pregunta es: ¿podemos poner a punto nuestro sistema respiratorio y, por ende, nuestro cerebro con la aromaterapia? Por supuesto que sí. Con esta mezcla, que usaremos vía olfativa y vía tópica, **liberaremos nuestras mucosas** resecas o colapsadas del moco que no debería estar ahí y que, además, impide a la mucosa realizar su función: filtrar el aire, retener gases y partículas nocivas a través de los cilios y los macrófagos alveolares que residen en nuestros alveolos pulmonares.

Vamos pues a **activar** el correcto funcionamiento de los **cilios** y «espabilar» a estos macrófagos para también **mantener**

a raya la inflamación de las citoquinas en el pulmón y así tener una «puesta a punto» respiratoria. Es más, en caso de ya estar en un proceso inflamatorio y padecer alguno de estos signos que detallo a continuación, ya estaremos tratándolo: congestión nasal, goteo nasal (rinitis), tos, dolor de garganta, dolor corporal, estornudos, fiebre y dolor de cabeza.

La fórmula aquí presentada respeta además a todas aquellas personas con disfunciones respiratorias crónicas, como asma, EPOC, hipertensión pulmonar, bronquitis crónica, ya que su porcentaje de 1,8 cineol no supera un seguro 27 %. Esta molécula parece ser —aún se está investigando— perjudica más que ayuda a estas personas. Para más información al respecto te sugiero acudir a la página 86 de la obra *Aceites esenciales en sinergia*, Ana Requejo (Editorial ExLibric).

Fórmula

Vía tópica:

1) Frasco con obturador de 10 ml. Para realizar la mezcla y usar en difusor y *stick* inhalador posteriormente:

- Eucalipto glóbulo *(Eucalyptus globulus)*: 3 gotas
- Mirto *(Myrtus communis)*: 5 gotas
- Abeto siberiano *(Abies sibirica)*: 3 gotas

2) Tarro PET de 30 ml. Para preparar un bálsamo pectoral respiratorio:

- Eucalipto glóbulo *(Eucalyptus globulus)*: 5 gotas
- Mirto *(Myrtus communis)*: 8 gotas

- Abeto siberiano *(Abies sibirica)*: 6 gotas
- Manteca de karité: 12 cucharadas de postre

Perfil bioquímico

- Monoterpenos: 55 %
- Óxidos: 27,80 %
- Ésteres: 9,43 %
- Monoterpenoles: 2,40 %

Propiedades

- Antibacteriano: 90 % (alfa-pineno, 1,8 cineol, limoneno, acetato de bornilo, canfeno, beta-pineno).
- Antiinflamatorio: 84,64 % (alfa-pineno, 1,8 cineol, limoneno, acetato de bornilo, delta-careno, beta-pineno).
- Analgésico: 80,45 % (alfa-pineno, 1,8 cineol, limoneno, acetato de bornilo, beta-pineno, beta-mirceno).
- Antiviral: 72,98 % (alfa-pineno, 1,8 cineol, limoneno, beta-pineno, para-cymeno).
- Antiespasmódico: 71 % (alfa-pineno, 1,8 cineol, limoneno, beta-pineno).

Elaboración

1) Frasco con obturador:

Echar las gotas de aceites esenciales multiplicadas por 4.

2) Tarro PET: bálsamo pectoral respiratorio:

1. Poner al baño maría la manteca de karité.
2. Retirar del calor, verter los aceites esenciales y dejar atemperar un par de minutos.
3. Añadir las gotas de los aceites esenciales indicados para el bálsamo pectoral.
4. Trasladar al envase final y dejar endurecer a temperatura ambiente.

Tratamiento

Vía olfativa:

• Echar de 8 a 10 gotas de la mezcla del frasco con obturador 2 veces al día, durante 40 minutos.
• En *stick* inhalador. Impregnar el algodón con 10 gotas de la mezcla y oler varias veces al día.

Vía tópica:

Aplicar el bálsamo en el pecho y la espalda cuando estemos congestionados o tengamos tos. Ayudar a la penetración con un suave masaje en círculos.

En caso de dolor muscular por enfermedad, también aliviará gracias a su 80 % de poder analgésico.

Apto para asmáticos: porcentaje de cineol inferior al 28 %.

Precauciones

No aplicar en la cara de bebés o niños menores de 3 años.

Cómo aliviar el resfriado y la otitis

Ingredientes

Eucalipto radiata + laurel + ciprés + pino silvestre + aceite vegetal de avellana.

Envases

Frasco con pipeta de 15 ml, nebulizador, *stick* inhalador.

Objetivo

El tratamiento de los síntomas derivados de un resfriado pueden ser rápidamente aliviados con una rápida combinación de aplicación olfativa y tópica durante los primeros 4 días de la aparición de los signos: congestión y goteo nasal, dolor de garganta, tos, congestión en general, dolor corporal, dolor de cabeza, estornudos y fiebre baja. Remarcar que prácticamente todos estos problemas están situados en las **vías respiratorias altas,** motivo por el cual me he decantado por el aceite esencial **eucalipto radiata,** que trabaja mucho mejor que el de eucalipto glóbulo de **garganta hacia arriba,** y que luego nos será útil para tratar la **otitis** a nivel tópico. Mientras que el **ciprés** aliviará la **tos** y el **laurel** reforzará el **sistema inmune,** trabajando de paso en las vías bajas, a **nivel bronquial,** y provocará la **expectoración.**

La mejor opción a nivel olfativo es utilizar, en difusión, un nebulizador —aparato de cristal en el cual echamos los aceites esenciales puros sin mezclar en agua—. Esto supone contar con una concentración molecular superior al de un difusor ultrasónico y, por tanto, actuar sobre nuestro sistema respiratorio con resultados más potentes, pero también con la contrapartida de poder saturar nuestro sistema respiratorio y olfativo, lo cual puede derivar en una irritación de las vías aéreas. Por esto hemos de ser más conscientes de su potencial y no mantenerlo encendido más de 20 minutos seguidos en una habitación con las puertas abiertas. Y, desde luego, no es el tipo de difusor adecuado cuando hay niños menores de 5 años cerca, y mucho menos bebés. El sistema respiratorio infantil está aún en proceso de maduración hasta la edad de 10 años y su capacidad alveolar no soporta tanta carga aromática, con lo cual puede sufrir alguna reacción desagradable o incluso peligrosa (ver página 31 de la obra *Aceites esenciales en sinergia*, Ana Requejo).

Los aceites esenciales escogidos para el tratamiento primario del resfriado cuentan con un porcentaje del óxido 1,8 cineol de un 36 % y quizás pueda no ser recomendable para un asmático, por tanto voy a sugerir una segunda fórmula para estos casos.

Su cometido va a ser el de no solo **disminuir la inflamación bronquial, calmar la tos** excesiva y ayudar a la **expectoración,** sino que también aporta su componente anímico e incluso emocional.

Emocional

Con esta sencilla mezcla, a nivel olfativo, seremos capaces de **afrontar los cambios,** lograr mayor **confianza** personal con el **ciprés.** En tanto que el **eucalipto radiata** trabajará sacándonos de la **apatía** y reforzará la actitud más asertiva que el ciprés ya nos marcaba.

Una persona débil de carácter y con falta de confianza también carece de una **expresión verbal** decidida y suficientemente poderosa para hacerse oír. El aceite esencial de **laurel** viene al rescate, diluyendo los miedos que tenemos a veces para expresar claramente nuestra postura.

1) Resfriado

Fórmula

Vía tópica: para frasco con pipeta de 15 ml:

- Eucalipto radiata *(Eucalyptus radiata)*: 4 gotas
- Laurel *(Laurus nobilis)*: 6 gotas
- Ciprés *(Cupressus sempervirens)*: 3 gotas
- Aceite vegetal de avellana: rellenar

Perfil bioquímico

- Monoterpenos: 35 %
- Monoterpenoles: 12,25 %
- Óxidos: 36 % (1,8 cineol)
- Ésteres: 5,65 %

Propiedades

- Antiinflamatorio: 84 % (1,8 cineol, alfa-pineno, delta-careno, alfa-terpineol, linalol, sabineno, limoneno, beta-pineno, terpineol-4-ol).

- Antibacteriano: 80 % (1,8 cineol, alfa-pineno, alfa-terpineol, linalol, sabineno, limoneno, beta-pineno, terpineol-4-ol).
- Antifúngico: 78 % (1,8 cineol, alfa-pineno, linalol, sabineno, limoneno, beta-pineno, terpineol-4-ol).
- Antiviral: 63 % (1,8 cineol, alfa-pineno, limoneno, beta-pineno, terpineol-4-ol).
- Inmunoestimulante: 36 % (1,8 cineol).

Tratamiento

Aplicar en el pecho, garganta y espalda 3 veces al día durante al menos 5 días.

Vía olfativa:

- Nebulizador: 20 minutos, 3 veces al día durante al menos 5 días.
- *Stick* inhalador: usar según convenga. Echar las gotas de la mezcla mencionada, en puro. Para ello, preparar en un frasco a parte e impregnar el algodón del *stick* inhalador con al menos 10 gotas.

Versión para asmáticos

- Pino silvestre *(Pinus sylvestris)*: 6 gotas
- Laurel *(Laurus nobilis)*: 6 gotas
- Ciprés *(Cupressus sempervirens)*: 3 gotas
- Aceite vegetal de avellana: rellenar

Perfil bioquímico

- Monoterpenos: 66,64 %
- Óxidos: 12,24 % (1,8 cineol)
- Monoterpenoles: 8,47 %
- Ésteres: 3,58 %

2) Otitis

En el hueco de la mano echar una cucharada sopera de aceite vegetal de avellana, o nuez de albaricoque, y verter 3 gotas de eucalipto radiata. Remover y aplicar alrededor de la oreja al primer síntoma de pinchazo. Repetir la aplicación al cabo de una hora y luego espaciar las aplicaciones cada 5 horas.

No dejar de acudir al médico para comprobar la evolución de la inflamación, ya que puede derivar en una infección que no vemos o sentimos y provoque después efectos más serios.

Precauciones

No aplicar en la cara de bebés o niños menores de 3 años.

Aliviando contracturas y tendinitis

Ingredientes

Jengibre + eucalipto azul + pimienta negra + oleomacerado de árnica + aceite vegetal de sésamo.

Envases

Frasco con pipeta de 30 ml.

Objetivo

Una contractura es un acortamiento de fibras que cursa con dolor punzante, rigidez, a veces hormigueo o adormecimiento de la zona. Incluso puede deberse a un aumento repentino de tono muscular sin previo calentamiento. Tipos de contracturas hay varios: por impacto, por frío, mala postura o por hipotonía muscular ante la solicitud de un trabajo intenso.

Por otro lado, una tendinitis es una sobrecarga tendinosa debida normalmente a movimientos repetitivos que suelen cursar con inflamación y dolor sordo, frecuentemente cerca de las articulaciones.

Cuando deseamos tratar estos problemas, acudimos siempre al masaje, siendo las fricciones, los amansamientos y las percusiones las manipulaciones más aptas. Conseguirán activar la circulación, estirar las fascias y oxigenar el músculo. También sugiero, en caso de contractura, la aplicación de calor suave en la zona mediante un saco de semillas o un elemento que no añada humedad (evitar las mantas eléctricas). Hidratarse con agua vía interna también es crucial.

La fórmula que aquí os presento está pensada para **aliviar la inflamación** gracias a su composición en **sesquiterpenos** (32 %), los cuales son unos potentes antiinflamatorios, a la par que buenos activadores linfáticos y circulatorios. El aceite esencial que mejor representa esta familia bioquímica es el **jengibre,** con casi un 62 %.

Por otro lado, añadirle **eucalipto azul** es trabajar la **analgesia** muscular, el **espasmo** y también la **inflamación** con un importante 73 % de aldehídos. Esta familia bioquímica es considerada irritante para la piel en lo que se refiere a dos moléculas muy concretas que aquí no están presentes (citral y cinamaldehído), por lo que podemos estar tranquilos al respecto de su presencia en esta fórmula.

En cuanto a la relajación muscular profunda y el cuidado articular, así como la rigidez, el aceite esencial de **pimienta negra** aporta su 34 % de sesquiterpenos y sus tonificantes monoterpenos a un 62 %.

Es por tanto una fórmula que **activará la circulación** que necesitamos, **rebajará** considerablemente el **dolor** y la **inflamación,** así como la **rigidez** y la **hipotonía** muscular.

Si os fijáis en su perfil bioquímico, podéis apreciar que los componentes mencionados no cuentan con las proporciones que acabo de mencionar. Eso se debe a que cuando se mezclan aceites esenciales se diluyen y, por tanto, disminuyen los porcentajes de sus moléculas. Si deseáis saber más sobre este dato, os remito a mi libro *Aceites esenciales en sinergia,* donde explico las funciones de cada familia bioquímica, así como lo que sucede cuando mezclamos aceites esenciales entre sí (página 37).

Como vehiculizantes de esta fórmula, me he decidido por un aceite vegetal **rubefaciente** muy apreciado para calentar la musculatura, el **sésamo,** que es además muy hidratante. Y, por otro lado, un buen **vasodilatador subcutáneo** y buen **antiinflamatorio** como es el oleomacerado de **árnica,** que además prevendrá la aparición de hematomas si aplicamos demasiado entusiasmo al realizar el masaje descontracturante.

Fórmula

- Jengibre *(Zingiber officinale)*: 8 gotas
- Eucalipto azul *(Eucalyptus citriodora)*: 8 gotas
- Pimienta negra *(Piper nigrum)*: 6 gotas
- Oleomacerado de árnica + aceite vegetal de sésamo: rellenar mitad y mitad de cada uno

Perfil bioquímico

- Sesquiterpenos: 32,70 %
- Monoterpenos: 21,85 %
- Aldehídos: 31,55 %
- Monoterpenoles: 9,58 %

Propiedades

- Analgésico: 57 % (citronelal, beta-cariofileno, limoneno, alfa-pineno, beta-pineno, citronelol, geranial, neral, 1,8 cineol).
- Antiinflamatorio: 40 % (beta-cariofileno, limoneno, alfa-pineno, beta-pineno, alfa-curcumeno).

- Antiespasmódico: 22,23 % (beta-cariofileno, limoneno, alfa-pineno, beta-pineno, 1,8 cineol).

Tratamiento de masaje

En caso de contractura, realizar, **antes de aplicar la mezcla** de aromaterapia, fricciones con las palmas de las manos abiertas para así generar hiperemia en la zona.

Una vez **aplicada la mezcla, amasar** el punto de dolor. Empezar suavemente alrededor de la zona y luego ir incrementando la presión y cerrando la zona de manipulación hasta realizar los movimientos en el punto concreto durante al menos 3 minutos. Repetir al día siguiente.

Podemos servirnos de una **pelota de tenis** apoyada en una pared y moviéndonos sobre ella (alrededor y en el punto de dolor) para trabajar una contractura más rebelde o inaccesible, después de aplicar la mezcla en la zona. No realizar este ejercicio más de 3 minutos seguidos. Se ha demostrado que aplicar esta técnica más veces al día en intervalos más cortos de tiempo es mucho más efectivo.

Precauciones

No usar en personas con problemas de piel o piel sensible.

Liberando tus miedos y abrazando a tu nuevo yo

Ingredientes

Bergamota + elemí + incienso + neroli + aceite vegetal de jojoba.

Envases y otros elementos

Roll-on, frasco-*spray* de 100 ml (perfumero), difusor ultrasónico, colgante de aromaterapia, *stick* inhalador.

Objetivo

Esta formulación ha sido una de las más divertidas de realizar hasta la fecha. En este caso, he dejado volar el instinto para escoger los aceites esenciales capaces de trabajar en variadas emociones que, juntas, nos pueden arrastrar al miedo y a la pérdida de equilibrio interior. Esta fórmula, que puede usarse en diferentes formatos, está pensada para realizar una **cura de reacondicionamiento** a una situación nueva que está fuera del control total del sujeto. Mis objetivos fueron:

- Crear un entorno emocional nutritivo que sume y no reste. Por eso la bruma en formato perfume.
- Relajar el cuerpo y la mente para tener el momento que nos lleve a recuperar nuestra identidad y poder personal.

• Encontrar un verdadero equilibrio entre lo que pensamos y lo que sentimos, y así conseguir la calma y diluir la sensación de impotencia y desasosiego que nos domina.

• Abrir nuestro centro energético verbal (chakra garganta) para expresar libremente lo que tememos y no deseamos, dejando atrás el pesimismo y la ansiedad. **Soltar el miedo.**

Las interfaces más adecuadas para este tratamiento son sin duda, y empezando por la más efectiva, la olfativa y después la tópica.

Los aceites esenciales escogidos se cogen de la mano para diluir la tensión, la tristeza y la irritabilidad que la oscuridad nos envía y no nos permite ver la **luz al final del túnel que la bergamota ilumina.** Esta falta de luz nos mantenía confusos y con falta de claridad interna que el **incienso** despejará, al otorgarnos la **comunicación interna y externa** que necesitamos, conectando mente y corazón con la **ansiedad** bajo control gracias al **nerolí,** y así poder **expresar,** por fin, lo que deseamos, habiendo **liberado** nuestros **miedos** con el **elemí,** el cual nos dirá: «Eres libre para ir hacia ese lugar y momento donde te sientes libre y completo».

Fórmula

Vía olfativa:

• Bergamota *(Citrus x bergamia)* - Plexo solar (nota salida): 9 gotas
• Neroli *(Citrus x aurantium L)* - Sacro (nota media/alta): 5 gotas

- Incienso *(Boswellia frereana)* – Corona (nota de fondo): 3 gotas
- Elemí *(Canarium luzonicum)* – Garganta (nota de fondo): 2 gotas

Perfil bioquímico

- Monoterpenos: 46 %
- Monoterpenoles: 27 %
- Ésteres: 18,25 %

Propiedades

- Antibacteriano: 89,60 % (limoneno, linalol, acetato de linalol, alfa-pineno, beta-pineno, alfa-terpineol, gama-terpineno).
- Antiinflamatorio: 85 % (limoneno, linalol, acetato de linalol, alfa-pineno, beta-pineno, alfa-terpineol, gama-terpineno, sabineno).
- Analgésico: 78 % (limoneno, linalol, acetato de linalol, alfa-pineno, beta-pineno, beta-mirceno).
- Antidepresivo: 54 % (limoneno, linalol, beta-pineno, alfa-felandreno).

Elaboración

Realizada la mezcla previamente en un frasco aparte, echamos un par de gotas en un colgante de aromaterapia y al menos 10 en un *stick* inhalador.

Perfume (envase de 100 ml):

1. Alcohol desnaturalizado de perfumería. Unas 300 gotas (12 ml aprox. - 1 dedo de grosor).
2. Multiplicar cada aceite esencial por 3 e ir echando poco a poco en el alcohol y removiendo.
3. Dejar macerar la mezcla de 2 días a una semana.
4. Hidrolato de neroli. Añadir poco a poco a la mezcla macerada anterior.

Agitar siempre antes de usar y echar una bruma a la altura del sacro y del plexo solar para que el aroma, al evaporarse hacia arriba, llegue a la nariz.

Vía tópica *(roll-on)*:

- Bergamota *(Citrus x bergamia)*: 6 gotas
- Elemí *(Canarium luzonicum)*: 1 gota
- Neroli *(Citrus x aurantium L)*: 4 gotas
- Incienso *(Boswellia frereana)*: 3 gotas
- Aceite vegetal de albaricoque: rellenar

Tratamiento

Difusión: 2 veces al día durante media hora en un difusor ultrasónico.

Aplicación tópica diluido en aceite vegetal de jojoba en:

- Timo.
- Riñones, varias veces al día o cuando tengamos la necesidad.
- Punto K27. Ubicado en la depresión situada en el borde inferior de la clavícula que está unida al manubrio del esternón. Aplicar la mezcla realizada en el *roll-on* y presionar durante al menos 15 segundos.

Perfume: usar cuando consideremos.

Apto para todos los públicos.

Aliviando síntomas alérgicos

Ingredientes

Niauli + manuka + aceite vegetal de albaricoque u oleo-macerado de caléndula + aceite vegetal de perilla e hidrolatos de manzanilla romana y aciano.

Envases y otros elementos

Frasco gotero de 15 ml, difusor ultrasónico y *stick* inhalador.

Objetivo

Cuando nuestra piel y nuestro sistema respiratorio reacciona ante lo que nuestro sistema inmune detecta como una agresión, su respuesta es, a veces, exagerada, provocando síntomas como: estornudos, goteo nasal, picazón, tos, asma, dermatitis, incluso puede darse un ataque anafiláctico.

Los anticuerpos que se movilizan, como la inmunoglobulina E (IgE), se fijan en el exterior de nuestros mastocitos, las células que habitan las mucosas de nuestra nariz, ojos, boca, aparato digestivo y tejido nervioso y pulmonar. Es entonces cuando estos mastocitos liberan histamina, provocando: picor, estornudos, dilatación y permeabilidad exagerada de los vasos sanguíneos, de ahí el calor en la piel y las mucosas, y también la contracción de la musculatura bronquial.

El objetivo de esta fórmula de aromaterapia es, a través de las vías olfativa y tópica, **tratar la inflamación,** el **picor** y también la posible **infección en la piel** que suele cursar con dermatitis y que está provocada por el conocido *Staphylococcus aureus.* En esta ocasión también tendremos como línea de defensa los **hidrolatos,** cuya composición tan baja en moléculas aromáticas (no más de un 4 %) les convierte en un elemento inocuo pero muy efectivo para todas las edades.

¿Qué disfunciones podemos tratar con aromaterapia?

Las disfunciones más típicas que podremos manejar serán: rinitis, sinusitis a través de la vía olfativa (difusión e inhalación), conjuntivitis mediante la aplicación de hidrolatos, asma, otitis, hinchazón y urticaria (difusión, tópica e ingesta de aceites vegetales).

He escogido, en este caso, dos aceites esenciales que tratarán no solo los problemas meramente físicos, sino también los anímicos, como la **fatiga mental,** la **falta de concentración** y la posible depresión tras sufrir una enfermedad viral que te haya dejado postrado en una cama o demasiado agotado.

Por un lado, el **niauli,** potentísimo **antiinflamatorio y analgésico,** además de **antimicrobiano y antipruriginoso.** Uno de los aceites esenciales recomendados si no deseas trabajar con el aroma más terroso y húmedo del árbol del té. Y, por otro, la **manuka,** un gran desconocido que gracias a su compleja composición química (puedes saber mucho más acudiendo a la página 215 de *Aceites esenciales en sinergia)* nos da sus cualidades **antibacterianas, antimicóticas, acaricidas** sin ningún efecto secundario adverso, además de clarificar tu mente brumosa, equilibrar tu respiración y atenuar la descarga de adrenalina que acelera el corazón.

Para calmar la piel o los ojos picajosos puedes optar por aplicarte, tantas veces como precises, el **hidrolato de manza-**

nilla romana, un gran **calmante** de la piel en caso de **congestión, eczema y picor,** o el hidrolato de **aciano,** el cual te recomiendo 100 % para tratar los ojos con sensación de arenillas. Solo has de impregnar una gasa esterilizada con varias aplicaciones y colocar sobre los ojos cerrados durante 10 minutos. ¡No hay mejor *spa* ocular!

Los vehiculizantes en estas lides son muy variados. Mi recomendación es jugar con el **calmante e hidratante** oleomacerado de caléndula en sinergia con el aceite vegetal de **nuez de albaricoque.**

Y para preparar el terreno antes de la época alérgica, la ingesta oral de aceite vegetal de perilla.

¡Listo y preparado para soportar lo que haga falta!

Fórmula

Vía olfativa: inhalación y difusión.

En el difusor ultrasónico y *stick* inhalador:

- Manuka *(Leptospermum scoparium)*: 6 gotas
- Niauli *(Melaleuca quinquenervia)*: 4 gotas

Perfil bioquímico

- Monoterpenos: 10,50 %
- Sesquiterpenos: 25 %
- Cetonas: 16 %
- Óxidos: 23,12 % (1,8 cineol 22 %)

Propiedades

• Antimicrobiano: 49 % (1,8 cineol, letospermona, alfa-pineno, delta-cadineno, limoneno).
• Antibacteriano: 46 % (1,8 cineol, alfa-pineno, delta-cadineno, limoneno, alfa-terpineol, beta-cariofileno).
• Antifúngico: 42,50 % (1,8 cineol, alfa-pineno, delta-cadineno, limoneno, alfa-terpineol, beta-cariofileno).
• Antiinflamatorio: 41 % (1,8 cineol, alfa-pineno, limoneno, alfa-terpineol, beta-cariofileno).

Tratamiento (7 días)

Difusor: 2 veces al día durante 45 minutos. Cambiar el agua y echar aromaterapia fresca en cada ocasión.
Stick inhalador: a discreción (mínimo 6 veces al día).

Vía tópica

• Manuka *(Leptospermum scoparium)*: 8 gotas
• Niauli *(Melaleuca quinquenervia)*: 8 gotas
• Aceite vegetal de nuez de albaricoque o jojoba u oleomacerado de caléndula: rellenar
• Hidrolatos:

   • Manzanilla romana. Congestión ocular, dolor, hinchazón, lagrimeo. Empapar un par de gasas de algodón hidrófilo 100 % con al menos 4 golpes de *spray* y aplicar sobre los ojos cerrados. Dejar actuar 10 minutos.

- Aciano. Todos los síntomas anteriores y además picor ocular (arenillas), orzuelos. Repetir el mismo procedimiento antes mencionado.

Tratamiento vía tópica

Aplicar la mezcla indicada en pecho, timo y garganta dos veces al día durante 10 días, mientras dure la crisis alérgica. Masajear la zona en círculos durante al menos 2 minutos.

Complementar con la ingesta de aceite vegetal de perilla. Comenzar un mes antes de la época alérgica.

Tratamiento complementario (acupresión)

Punto IG4 (meridiano intestino grueso). Presionar durante al menos 1 minuto varias veces al día.

Situado entre el dedo pulgar y el índice. Montañita que se forma al juntar ambos dedos.

Trabajamos energía del pulmón y desbloqueamos energética y mentalmente.

Contraindicaciones

Ninguna, si se respetan las diluciones.
Apto para asmáticos.
Apto para niños a partir de los 3 años.

Vive tu menstruación con aromaterapia

Ingredientes

Salvia romana (amaro) + ciprés + albahaca + geranio + oleomacerado de hiedra + aceite vegetal de macadamia.
Hidrolatos de rosa búlgara y hamamelis virginiana.

Envases y otros elementos

2 frascos gotero de 30 ml, difusor ultrasónico y *stick* inhalador.

Objetivo

Las diversas problemáticas que se nos presentan durante la menstruación, plantean diferentes abordajes tanto por vía tópica como olfativa para tratar las siguientes disfunciones:

- Calambres menstruales uterinos.
- Sofocos repentinos.
- Retención de líquidos general, sobre todo en piernas y tobillos.
- Hinchazón de vientre.
- Mal humor o cambios repentinos de humor.
- Apatía y desgana.

Para lograr el **equilibrio hormonal** contamos con la **antidepresiva salvia romana** (amaro), que además nos ayudará a disminuir la cantidad de cortisol (estrés) y a subir la serotonina (bienestar). El **geranio** será otro apoyo a la **regulación hormonal** y, además, será el perfecto compañero del **descongestivo venoso y linfático ciprés** y la **antiespasmódica, antiinflamatoria y analgésica albahaca.**

Energéticamente

Esta mezcla además está pensada con el fin de ahuyentar la tensión nerviosa, la fatiga y apatía gracias a la salvia romana, así como disminuir los cambios de humor y la irritabilidad hormonal con el geranio. Son momentos de adaptación que pueden dispersar nuestra mente. El alto y espigado ciprés es el ayudante perfecto para que ello no suponga un cambio brusco de velocidad, y además con la estimulación dinámica que aportará la albahaca.

Fórmulas

Vía tópica

1) Calambres menstruales:

- Salvia romana (amaro) *(Salvia sclarea)*: 10 gotas
- Ciprés *(Cupressus sempervirens)*: 6 gotas
- Albahaca *(Ocimum basilicum)*: 4 gotas
- Aceite vegetal de macadamia: rellenar
- Hidrolato de rosa búlgara

Perfil bioquímico

- Monoterpenos: 26 %
- Sesquiterpenos: 19 %
- Monoterpenoles: 6 %
- Ésteres: 24 %

Propiedades

• Antiinflamatorio: 71,17 % (acetato de linalol, metilcha-vicol, alfa-pineno, delta-careno, linalol, beta-cariofileno, limoneno).

• Analgésico: 46,23 % (acetato de linalol, alfa-pineno, linalol, beta-cariofileno, limoneno).

• Antinociceptivo: 45 % (acetato de linalol, alfa-pineno, linalol, beta-cariofileno, limoneno).

2) Piernas hinchadas y doloridas, vientre hinchado:

- Geranio *(Pelargonium graveolens)*: 8 gotas
- Ciprés *(Cupressus sempervirens)*: 8 gotas
- Albahaca *(Ocimum basilicum)*: 3 gotas
- Aceite vegetal de macadamia: mitad del envase
- Oleomacerado de hiedra: la otra mitad
- Hidrolato de hamamelis (previa aplicación de la mezcla)

Perfil bioquímico

- Monoterpenos: 33,41 %
- Sesquiterpenos: 11,50 %
- Monoterpenoles: 22,74 %

- Cetonas: 3,18 %
- Ésteres: 10,40 %

Propiedades

- Antiinflamatorio: 67 % (alfa-pineno, metilchavicol, citronelol, delta-careno, linalol, geraniol, limoneno).
- Antibacteriano: 63 % (alfa-pineno, metilchavicol, citronelol, linalol, geraniol, limoneno).
- Antiespasmódico: 22 % (alfa-pineno, terpinoleno, limoneno).

Es un tratamiento apto para reumas, fragilidad de capilares, problemas circulatorios, tensión nerviosa (en difusión), varices, edemas, calambres musculares. Y, además, si nos agrada el aroma de los aceites esenciales puros, también podríamos usar la mezcla para purificar el ambiente.

Tratamiento vía tópica

- 1.ª fórmula: aplicar la mezcla en bajo vientre 3 veces al día y ayudar con la aplicación de calor seco, durante 20 minutos.
- En caso de calores o sofocaciones, aplicar el hidrolato de rosa búlgara en cara y escote tantas veces como se precise.
- 2.ª fórmula: refrescar las piernas con el hidrolato de hamamelis y seguidamente la mezcla. Aplicar desde los tobillos hasta la ingle con las palmas de las manos abiertas y ejerciendo suave presión (evitar apretar con los pulgares), un par de veces al día durante el proceso.

Vía olfativa: difusión y/o inhalación.

3) Irritabilidad, tensión, fatiga nerviosa y dolor de cabeza:

- Salvia romana (amaro, *Salvia sclarea)*: 5 gotas
- Ciprés *(Cupressus sempervirens)*: 3 gotas
- Geranio *(Pelargonium graveolens)*: 4 gotas
- Hidrolato de rosa búlgara. Podemos aplicarla en el cutis si necesitamos un extra para sentirnos despejadas y refrescadas.

Tratamiento olfativo (un día antes, durante y un día después de la menstruación)

- Difusor: 2 veces al día durante 45 minutos. Cambiar el agua y añadir aromaterapia fresca en cada ocasión.
- *Stick* inhalador: a discreción (mínimo 6 veces al día).

Contraindicaciones

Ninguna, si se respetan las diluciones.
Apto para asmáticos.

Supera tu fatiga y astenia estacional

Ingredientes

Romero QT cineol + naranja dulce.

Envases y otros elementos

Difusor ultrasónico y *stick* inhalador.

Objetivo

Ya sea por el cambio de estación, por una situación inesperada, un proceso vírico que te ha dejado en la cama muchos días, una enfermedad crónica, un proceso alérgico, los cambios hormonales o una situación que te ha sobrepasado, los signos suelen mostrarse en: el humor (gris), el sueño (falta), la alimentación (desorganizada y mal realizada), la motivación, la capacidad cognitiva mermada e incluso en la libido, prácticamente desaparecida.

Nuestro **hipotálamo,** encargado de regular la temperatura, la sed y el apetito, así como el **sueño** y la vigilia, **disminuye su segregación de beta endorfinas,** las cuales te mantienen eternamente optimista; de **serotonina,** que te aporta felicidad, y de **feniletilaminas,** que nos da ese punto de euforia preciso para lanzarnos con alegría sobre cada reto diario.

Sin duda, el sistema olfativo es el más adecuado para trabajar a favor de recuperar nuestro ánimo, el buen sentido del humor, la concentración y el sueño mediante la difusión de 2 aceites esenciales. Variando tan solo la cantidad de gotas seremos capaces de activar más nuestra parte «sintiente» o nuestro lado «pensante».

Un poco de neurociencia

Los aceites esenciales, con su peso molecular por debajo de los 500 moles, son capaces de modificar el funcionamiento de nuestros circuitos cerebrales. Cada uno de estos circuitos realiza una labor. Los hay que toman decisiones, otros planifican, hay varios que adoptan hábitos (buenos y malos), uno de mis favoritos sueña… Lo que sucede con ellos es que a veces sufren cortocircuitos y nuestro mundo se desajusta sorpresivamente. Unas veces, estos desajustes duran horas; otros, días. Y por desgracia, en otras ocasiones, la confusión y el descontrol se cronifican, y la depresión, el estrés o la psicopatía nos dominan.

La neurociencia ha demostrado que podemos moldear nuestra red de circuitos neuronales por el simple hecho de prestar atención a un hecho, ya sea soñándolo, imaginándolo, visualizándolo… Y aquí los aceites esenciales han demostrado su gran capacidad de ayudarte en estas tareas. Cuando olemos un aceite esencial varias regiones de nuestro cerebro se activan y cambian, unas veces incrementando su trabajo y otras ralentizándolo.

En el caso que nos ocupa te puedo aportar estos curiosos apuntes:

- **Naranja dulce**

Es capaz de **reducir la hiperfunción del sistema límbico profundo,** encargado de regular nuestra respuesta fisiológica y emocional. También es el directamente encargado de procesar el sentido del olfato. Precisamente el lugar de nuestro cerebro que «siente» lo que vive y lo expresa tanto con bienestar como con irritación o frustración, incluso con **confusión, pesimismo y depresión.** En resumen, es el centro de transmisión de nuestros recuerdos emocionales, junto con los lóbulos temporales profundos. Y da la casualidad que cuando está hiperactivo, nuestro empuje y motivación disminuye. Además, el hipotálamo, que forma parte de él y controla nuestros ritmos del sueño y del apetito, sufre desajustes cuando existen disfunciones en el centro de transmisión.

- **Romero QT cineol**

Controlará nuestra parte pensante por **incrementar la actividad de nuestros ganglios basales,** los encargados de mantener la velocidad de ralentí del cuerpo y del aprendizaje, la planificación, el impulso de la toma de decisiones y, en definitiva, de llevar a cabo las tareas más mundanas. Por tanto, nos saca de la **apatía,** la **pereza** y el letargo, y también de los desórdenes provocados por déficit de atención.

Por todo esto que os he contado, hemos de plantearnos qué vertiente de nuestra astenia es la que más problemas nos causa: la más emocional o la más práctica. ¿Queremos dormir mejor, salir de la leve depresión? Pues incrementamos las gotas de naranja dulce. ¿Son la falta de motivación y la apatía las que nos traen de cabeza? Pues le damos la vuelta a la fórmula y cargamos más en el romero QT cineol.

Fórmula

Vía olfativa: difusión pasiva e inhalación personal y activa (*stick* inhalador).

1) Insomnio, frustración, depresión leve, pesimismo:

- Naranja dulce *(Citrus sinensis)*: 9 gotas
- Romero QT cineol *(Rosmarinus officinalis)*: 5 gotas

Perfil bioquímico

- Monoterpenos: 81,29 %
- Monoterpenoles: 1,57 %
- Sesquiterpenos: 1,48 %
- Cetonas: 5,38 % (alcanfor)
- Óxidos: 10,41 % (1,8 cineol: 10,14 %)

Propiedades

- Antibacteriano: 96 % (limoneno, 1,8 cineol, alfa-pineno).
- Antioxidante: 94 % (limoneno, 1,8 cineol, alfa-pineno, alcanfor).
- Antifúngico: 92 % (limoneno, 1,8 cineol, alfa-pineno, alcanfor).
- Antiinflamatorio: 91,56 % (limoneno, 1,8 cineol, alfa-pineno).
- Antidepresivo: 63 % (limoneno, beta-pineno, alfa-felandreno).

2) Apatía, desconexión, déficit de atención, pereza y lentitud en el comportamiento motor:

- Naranja dulce *(Citrus sinensis)*: 4 gotas
- Romero QT cineol *(Rosmarinus officinalis)*: 9 gotas

Perfil bioquímico

- Monoterpenos: 66 %
- Sesquiterpenos: 2,76 %
- Monoterpenoles: 2,66 %
- Cetonas 10,32 %
- Óxidos: 19,80 % (1,8 cineol: 19 %)

Propiedades

- Antibacteriano: 93,57 % (limoneno, 1,8 cineol, alfa-pineno, alcanfor).
- Antioxidante: 91 % (limoneno, 1,8 cineol, alfa-pineno, alcanfor, canfeno, beta-pineno).
- Antifúngico: 86,37 % (limoneno, 1,8 cineol, alfa-pineno, alcanfor).
- Antidepresivo: 33,60 % (limoneno, beta-pineno, alfa-felandreno).

Tratamiento

Ambas fórmulas, escogiendo la más oportuna según el estado del receptor, se pueden usar en difusión pasiva en un difusor ultrasónico (con agua) durante 1 hora, de 2 a 3 veces al día. Cambiando el agua y echando aceites esenciales frescos en cada ocasión.

También se puede crear la mezcla en frasco aparte y después aplicarla en el algodón de un *stick* inhalador (inhalación personal activa). Realizar al menos 4 inhalaciones suaves por la mañana y otras 4 por la tarde.

El tiempo lo marca el propio usuario.

Contraindicaciones

Ninguna, si se respetan las diluciones.
Apto para asmáticos.

Guerra declarada a los mosquitos

Ingredientes

Citronela + eucalipto citriodora + pino silvestre.

Envases y otros elementos

Difusor ultrasónico, frasco gotero de 15 ml.

Objetivo

La llegada del calor y la apertura de ventanas en nuestros hogares es siempre deseado por todos. Más luz solar y más vida social, pero también es el momento en el cual compartimos nuestro hábitat con uno de los «ocupas» más pequeños y a la vez más impertinentes, capaz de destrozar nuestro descanso nocturno y convertir nuestra actividad diaria en una guerra silenciosa contra sus picotazos.

Los mosquitos molestan de todas las formas posibles, pero con la aromaterapia, mediante la difusión, podemos combatirlos y alejarlos de nosotros. Estas dos fórmulas están pensadas para el antes —alejándolos, eliminándolos y previniendo su aparición— y el después de su visita —tratando la picadura—. Cuando pensé en los aceites esenciales más adecuados busqué tres características básicas: **repelente, insecticida y larvicida.** Y además contra unos mosquitos concretos: mosquito tigre *(Aedes albopictus)*, mosquito común *(Culex pipiens)* y mosquito vector del Zika *(Culex quinquefasciatus).*

Sin buscarlo pero yendo un poco más allá, me di cuenta de que esta misma fórmula es perfecta también, pero por vía tópica diluida en un aceite vegetal, como **relajante muscular** y apta para trabajar cualquier tipo de **neuralgia muscular.**

Por otro lado, también alivia los síntomas asmáticos y alérgicos del sistema respiratorio, aliviando la congestión, los dolores de cabeza y sacándonos de la apatía. ¡Qué maravillosa es la aromaterapia!, ¡polivalente y eficaz! Es capaz de ayudarnos a varios niveles solo con variar el formato de uso. ¿Puede hacer esto un medicamento?…

Veamos sus principales propiedades:

- Pino silvestre: repelente, larvicida, insecticida contra el mosquito tigre y el causante del Zika.
- Eucalipto citriodora: insecticida (tigre, Zika, *Leishmaniose)*, antiparasitario (ácaros rojos), repelente (tigre, Zika, común).
- Citronela de Ceylan: repelente (común, piojos, avispas, tigre).
- Árbol del té: desinfectante, antiinflamatorio, repelente.
- Menta piperita: antiinflamatorio, analgésico, repelente.

Acompañando la fórmula para aliviar la picadura, nos serviremos, tantas veces como precisemos, del hidrolato de manzanilla romana, magnífico calmante, antiinflamatorio y antiprurito. Y para diluir los aceites esenciales el oleomacerado de caléndula, con todas las bondades precisas para tratar la piel irritada, descamada e inflamada y apto para todo tipo de pieles, suavizándola y nutriéndola.

Fórmula

1) **Vía olfativa** (difusión pasiva en difusor ultrasónico):

- Pino silvestre *(Pinus sylvestris)*: 7 gotas
- Eucalipto citriodora *(Corymbia citriodora)*: 4 gotas
- Citronela *(Cymbopogon nardus L.)*: 2 gotas

Perfil bioquímico

- Monoterpenos: 58 %
- Aldehídos: 22,88 %
- Sesquiterpenos: 4,57 %
- Ésteres: 1,66 %

Propiedades

- Antibacteriano: 85,68 % (alfa-pineno, citronelal, beta-pineno, citronelol, limoneno, geraniol).
- Analgésico: 77,33 % (alfa-pineno, citronelal, beta-pineno, limoneno, beta-mirceno, beta-cariofileno).
- Repelente: 64,50 % (alfa-pineno, citronelal, citronelol, limoneno, beta-cariofileno, terpinoleno, 1,8 cineol).
- Larvicida: 48 % (alfa-pineno, citronelol, limoneno, geraniol, beta-mirceno).
- Insecticida: 45,68 % (alfa-pineno, citronelol, limoneno, geraniol).
- Antiinflamatorio: 60 % (alfa-pineno, beta-pineno, citronelol, limoneno, geraniol, beta-mirceno).

2) **Vía dermal** (picaduras):

- Árbol del té *(Melaleuca alternifolia)*: 7 gotas
- Menta piperita *(Mentha x piperita)*: 3 gotas
- Oleomacerado de caléndula: rellenar
- Hidrolato de manzanilla romana: aplicar varias veces al día y antes de la fórmula vía dermal.

Perfil bioquímico

- Monoterpenoles: 27,55 %
- Monoterpenos: 26,69 %
- Óxidos: 14,53 %
- Cetonas: 6,82 %

Propiedades

- Antibacteriano: 65,74 % (1,8 cineol, terpineol-4-ol, mentol, mentona, gama-terpineno, limoneno, alfa-terpineol, alfa-pineno).
- Antiinflamatorio: 62 % (1,8 cineol, terpineol-4-ol, mentol, mentona, gama-terpineno, limoneno, alfa-terpineol, alfa-pineno).
- Antimicrobiano: 56 % (1,8 cineol, terpineol-4-ol, mentol, alfa-terpineno, gama-terpineno, alfa-terpineol, alfa-pineno).
- Analgésico: 38,90 % (1,8 cineol, mentol, mentona, limoneno, alfa-pineno, beta-cariofileno).

Tratamiento

Vía olfativa

• En difusor ultrasónico, echar las gotas indicadas por la mañana y a la tarde-noche, durante 45 minutos. Cambiar el agua y echar aceites esenciales frescos cada vez.

Vía tópica

• Aplicar un par de gotas de la fórmula n.º 2 y masajear suavemente para ayudar a penetrar, dos veces al día hasta que desaparezca el problema.
• En caso de mucho picor y de enrojecimiento se puede aplicar hidrolato de manzanilla romana varias veces al día.

Contraindicaciones

No difundir en estancias cerradas con bebés menores de 2 años.
No aplicar vía dermal en bebés.
Apto para asmáticos.

Piel firme e hidratada
(todo tipo de pieles)

Ingredientes

Sándalo blanco + palmarrosa + lavanda + ylang-ylang + aceite vegetal de baobab + hidrolato de rosa búlgara.

Objetivo

La elaboración de una crema que cumpla con todos los requisitos es una tarea de lo más divertida, que puede transformarse en un puzle sin sentido si no fijamos los objetivos reales de la misma. Formular para el cutis ha de cumplir una serie de normas básicas como la de no superar, en aceites esenciales, un porcentaje superior al 1,5 %, y esto lo exige la particular y delicada composición celular de nuestro cutis. Podemos complicar una fórmula todo lo que deseemos con múltiples principios activos, pero, en realidad, con los aceites vegetales y esenciales, siempre que elaboremos una fórmula en pequeña cantidad, es más que suficiente.

¿Qué se busca, normalmente, para crear una mezcla que trabaje la firmeza y la hidratación y qué aceites esenciales lo logran?

• Inhibición de la elastasa, enzima que inhibe la elastina y el colágeno, encargados de mantener la red epidérmica con la densidad y firmeza deseada: sándalo blanco *(Santalum album* o *Santalum spicatum).*

• Regeneración celular: lavanda *(Lavandula angustifolia).*

• Nutrición e hidratación: palmarrosa *(Cymbopogon martini).*

• Sensación aterciopelada y jugosa: ylang-ylang *(Cananga odorata)* y aceite vegetal de baobab.

• Protección del manto hidrolipídico: ylang-ylang y aceite vegetal de baobab.

• Ingredientes que prevengan la aparición de las arrugas más finas, la sequedad, la pérdida de elasticidad y el adelgazamiento de la epidermis: palmarrosa, lavanda, sándalo y aceite vegetal de baobab.

Y, de paso, con esta fórmula conseguimos tratar la **rosácea, psoriasis, dermatitis y cualquier irritación, picor e inflamación** gracias al alfa y beta santalol del sándalo blanco. Por otro lado, la palmarrosa con su farnesol aporta el componente antimicrobiano adecuado para evitar futuras dermatitis y la elasticidad que buscamos para nuestra piel.

Energéticamente

Esta mezcla de aceites esenciales nos «obliga» a **mimarnos** y buscar nuestro rincón del descanso con la **palmarrosa.** Conectar con nuestro yo superior y **atenuar el «ruido»** interno de nuestros pensamientos con el **sándalo,** unos pensamientos que a menudo se repiten y no nos dejan **descansar la mente** y crear nuevos momentos de creatividad que la **lavanda** nos concede. Liberarnos del miedo a **mostrarnos tal y como somos,** por dentro y por fuera, es el don del **ylang-ylang.**

Fórmula

- Palmarrosa *(Cymbopogon martinii)*: 8 gotas
- Sándalo *(Santalum album)*: 5 gotas
- Lavanda *(Lavandula angustifolia)*: 2 gotas
- Ylang-ylang *(Cananga odorata)*: 1 gota
- Aceite vegetal de baobab *(Adansonia digitata)*: 50 ml
- Hidrolato de rosa búlgara: aplicar antes de echar el preparado.

Perfil bioquímico

- Monoterpenoles. 43,74 %
- Sesquiterpenoles: 26,52 %
- Ésteres: 16 %
- Sesquiterpenos: 3,61 %
- Monoterpenos: 2,25 %

Propiedades

- Antibacteriano: 72,60 % (geraniol, alfa-santalol, linalol, beta-santalol, acetato de linalol).
- Antiinflamatorio: 50,52 %.
- Antioxidante: 50 % (geraniol, linalol, acetato de linanol).
- Antimicrobiano: 44,36 % (geraniol, linalol).
- Antidepresivo: 43,21 % (geranio, linalol).
- Antielastasa: 37 % (geraniol, eugenol).
- Regenerativo: 37 % (geraniol).

Tratamiento

• Aplicar 3 pulverizaciones de hidrolato de rosa búlgara en rostro y cuello.

• Aplicar 3 gotas de la fórmula ya preparada y masajear con movimientos ascendentes y hacia las sienes y laterales de la cara, bajando hacia el cuello hasta las clavículas.

• Cuándo: por la mañana y al acostarse, previa limpieza del cutis.

Contraindicaciones

No tiene.

Apto para todo tipo de pieles y también para pieles con problemas dermales (dermatitis), infecciones y psoriasis.

Bibliografía y otras fuentes

- *Aceites esenciales en sinergia*, Ana Requejo (Editorial ExLibric).
- *Aromática*, Peter Holmes.
- *Aromadermatology*, Janetta Besouilah and Philippa Buck.
- *Modern Cosmetics*, Vol. 1, Dr. Damjan Janes and Dr. Nina Kocevar Glavac.
- DropSmith. https://app.dropsmith.com/oils

Ana Isabel Fernández Requejo
escuelaaromaterapiaanarequejo@gmail.com
Finalizado: 4 de mayo de 2021

Sobre la autora

Ana Requejo, directora de su propia escuela de aromaterapia, ha continuado en su empeño de conjugar la naturopatía, sus estudios como Técnico Superior en Aromaterapia, Quiromasaje y Drenaje Linfático en esta obra.

Estudiosa de la aromaterapia y de todo lo que la rodea, se define a sí misma como curiosa hasta la médula, autodidacta, investigadora y apasionada de «este mensajero aromático de tu memoria», capaz de transformar tu día y modificar tu camino.

Comenzó en este mundo abandonando otro mucho más «cuadrado, ordenado y previsible» hace ya más de quince años. Desde entonces, mucho ha leído, aprendido y desaprendido, y mucho le queda aún por decir, pensar y plantearse en un mundo aún por explorar, como es de la aromaterapia.